Jacques Nzuzi Mekango

LE FOND DE L'EXTERIEUR

Jacques Nzuzi Mekango

LE FOND DE L'EXTERIEUR

Une plongée au cœur des secrets que les apparences gardent en silence

Éditions Vie

Imprint
Any brand names and product names mentioned in this book are subject to trademark, brand or patent protection and are trademarks or registered trademarks of their respective holders. The use of brand names, product names, common names, trade names, product descriptions etc. even without a particular marking in this work is in no way to be construed to mean that such names may be regarded as unrestricted in respect of trademark and brand protection legislation and could thus be used by anyone.

Cover image: www.ingimage.com

Publisher:
Éditions Vie
is a trademark of
Dodo Books Indian Ocean Ltd. and OmniScriptum S.R.L publishing group

120 High Road, East Finchley, London, N2 9ED, United Kingdom
Str. Armeneasca 28/1, office 1, Chisinau MD-2012, Republic of Moldova, Europe
Managing Directors: Ieva Konstantinova, Victoria Ursu
info@omniscriptum.com

Printed at: see last page
ISBN: 978-620-9-63174-0

« Ce que nous voyons à l'extérieur
des hommes est rarement tout ce qu'ils sont.
Derrière chaque sourire se cache un monde
que seuls ceux qui cherchent peuvent comprendre. »

Jacques Nzuzi Mekango, Le fond de l'Extérieur

À toi le lecteur,
que ces pages éclairent l’essentiel,
même lorsqu’il demeure caché.

PRÉFACE

Nous vivons dans un monde obsédé par les apparences. Les images parfaites défilent sous nos yeux, que ce soit dans les médias, les réseaux sociaux ou même dans nos interactions quotidiennes. Les façades séduisent, rassurent ou impressionnent, et nous sommes souvent tentés de juger, de nous comparer ou de nous conformer à ces représentations extérieures. Pourtant, derrière chaque sourire, chaque vêtement soigné, chaque geste calculé, il existe un univers invisible : nos pensées, nos émotions, nos blessures, nos désirs et nos rêves. C'est ce monde intérieur, souvent ignoré ou refoulé, qui contient la vérité de notre humanité.

« Le fond de l'extérieur » est né de cette observation simple mais essentielle : le réel ne se limite jamais à ce que l'on voit. La profondeur humaine échappe aux jugements rapides, aux premières impressions et aux normes sociales. Ce livre est une invitation à dépasser le superficiel, à regarder au-delà de ce qui se montre, et à écouter ce qui vit en nous et chez les autres.

À travers ces pages, vous serez guidés dans un parcours en cinq étapes : comprendre ce que l'extérieur laisse paraître, explorer les profondeurs de l'âme, accueillir les fissures révélatrices de vérité, réconcilier le dedans et le dehors, et enfin, apprendre à vivre depuis le fond plutôt que depuis la façade. Chaque chapitre offre des réflexions, des exemples concrets et des outils pour avancer vers une vie plus authentique et harmonieuse.

Cette lecture n'a pas pour objectif de vous dicter une vérité universelle, mais de vous inviter à observer, écouter et ressentir. Elle est un miroir tendu vers l'intérieur, un encouragement à embrasser vos vulnérabilités et à cultiver votre authenticité. Car c'est seulement en vivant pleinement depuis notre profondeur que nous pouvons trouver la liberté, la paix intérieure et des relations sincères avec le monde.

Je vous souhaite un voyage attentif et courageux, un chemin où les apparences ne seront plus des limites, mais des portes ouvertes vers la vérité et la beauté de votre humanité.

AVANT-PROPOS

Nous vivons dans un monde où l'apparence influence beaucoup notre façon de juger et de parler avec les autres. Les gens montrent souvent une belle image, maîtrisent leurs sourires et choisissent leurs mots pour paraître bien. Pourtant, derrière chaque visage, chaque geste et chaque silence, il y a une réalité plus profonde, souvent oubliée ou même inconnue de la personne elle-même.

Que cache l'apparence ? Entre ce que l'on montre et ce que l'on ressent, se trouve un espace discret mais fondamental : le fond.

Dans Le fond de l'extérieur, chaque page vous invite à un voyage intérieur pour :

- Découvrir ce que le monde perçoit de nous ;
- Écouter les profondeurs de l'âme souvent ignorées ;
- Reconnaître les fissures qui révèlent la vérité ;
- Tendre vers l'harmonie entre l'intérieur et l'extérieur ;
- Vivre pleinement depuis l'authenticité, au-delà des apparences.

Ce texte vous accompagne vers une vision plus consciente de vous-même, pour reconnaître ce qui vous habite, laisser tomber les illusions et marcher dans une vérité plus intime et lumineuse.
Le fond de l'extérieur est une invitation à ralentir, à se déposer en soi et à renouer avec cette part intime que les apparences étouffent parfois. C'est un appel à l'authenticité, à la lucidité, et à la réconciliation avec ce que nous portons de plus vrai.

À travers ses pages, le lecteur est guidé vers un regard plus juste sur lui-même, encouragé à dépasser les façades, à écouter les mouvements silencieux de son monde intérieur et à accueillir sa propre vérité avec bienveillance.

SOMMAIRE

INTRODUCTION

Dans nos vies modernes, nous sommes confrontés à un dilemme silencieux : le monde que nous montrons aux autres et celui qui réside en nous.

Les réseaux sociaux, la publicité, la culture de l'image et les normes sociales nous poussent à projeter un visage lisse, contrôlé et séduisant. Mais derrière cette surface, nos émotions, nos désirs, nos blessures et nos aspirations profondes restent souvent invisibles, ignorés ou refoulés.

Ce livre est une invitation à explorer ce qui se cache derrière la façade, à aller au-delà des apparences et à renouer avec notre vérité intérieure. Il s'adresse à tous ceux qui ressentent un écart entre ce qu'ils vivent intérieurement et ce qu'ils montrent au monde, à tous ceux qui souhaitent vivre avec plus d'authenticité, de profondeur et de cohérence.

À travers cinq chapitres, nous explorerons :

- Ce que l'extérieur laisse paraître et ses limites dans la perception des autres.

- Les profondeurs de l'âme, souvent oubliées, mais essentielles à notre équilibre et à notre développement.
- Les fissures de notre vie, révélatrices de vérité et de résilience.
- La réconciliation du dedans et du dehors, condition de l'harmonie intérieure.
- La vie depuis le fond, loin des façades, pour incarner pleinement notre authenticité.

Ce voyage mêle psychologie, philosophie, spiritualité et expériences concrètes, afin de proposer des clés pour une vie plus vraie, plus cohérente et plus riche de sens. Comme le rappelle Platon, « La connaissance de soi est le début de toute sagesse » (*Apologie de Socrate*).

Ce livre se veut un guide pour cheminer vers cette connaissance et cette intégrité.

CHAPITRE I.
CE QUE L'EXTÉRIEUR LAISSE PARAÎTRE

L'être humain vit dans un monde de surfaces. Avant même qu'un mot ne soit prononcé, l'apparence parle. Les vêtements, la posture, le regard, la démarche, les objets que l'on porte ou possède constituent une première forme de langage silencieux. À travers eux, nous interprétons les autres et nous sommes interprétés. La première impression naît souvent en quelques secondes, presque malgré nous, et elle exerce une influence durable sur la manière dont les relations se construisent.

Pourtant, cette lecture immédiate du visible est à la fois inévitable et insuffisante. Elle simplifie la complexité humaine en une image rapide. Elle rassure parce qu'elle donne l'illusion de comprendre, mais elle enferme aussi dans des jugements hâtifs. L'extérieur, en tant que vitrine sociale, ne révèle jamais entièrement la profondeur de l'être.

Le sociologue Erving Goffman compare la vie sociale à une scène de théâtre où chacun joue un rôle devant les autres (Goffman, 1959). Nous présentons une version de nous-mêmes adaptée au contexte : professionnelle au travail, intime dans la sphère privée, confiante face aux inconnus même lorsque nous doutons intérieurement. Cette « mise en scène » n'est pas nécessairement mensongère ; elle est une condition du vivre-ensemble. La société fonctionne grâce à des codes partagés qui rendent les interactions prévisibles et compréhensibles.

Cependant, cette théâtralité du quotidien introduit une distance entre ce que nous sommes et ce que nous montrons. L'apparence devient un filtre à travers lequel nous cherchons à maîtriser la perception d'autrui. Elle peut protéger, séduire, impressionner ou rassurer. Mais elle peut aussi masquer la vulnérabilité, la peur ou la complexité intérieure.

1. L'apparence physique : un langage social

Le corps est le premier support de ce langage extérieur. La manière dont une personne s'habille, se tient ou se présente influence fortement la perception qu'on a d'elle. Une tenue soignée suggère souvent la compétence ou le sérieux ; une apparence négligée peut susciter des jugements défavorables.
Ces associations sont profondément ancrées dans notre culture.

Pierre Bourdieu montre que les goûts vestimentaires et esthétiques ne sont jamais neutres : ils reflètent des positions sociales et participent à la construction de hiérarchies symboliques (Bourdieu, 1979). À travers l'apparence, les individus signalent consciemment ou non leur appartenance à des milieux culturels et sociaux. L'extérieur devient ainsi un système de signes que la société apprend à lire.

Mais cette lecture reste fragile. Une personne élégante n'est pas nécessairement compétente ; un individu discret n'est pas dépourvu de talent. Les apparences donnent des indices, jamais des certitudes. Daniel Kahneman explique que notre esprit utilise des raccourcis cognitifs pour juger rapidement les situations et les personnes (Kahneman, 2011). Ces mécanismes, utiles pour naviguer dans un monde complexe, sont aussi sources d'erreurs. Nous confondons facilement cohérence visuelle et vérité intérieure.

L'adage populaire « L'habit ne fait pas le moine » résume cette tension : l'apparence influence inévitablement la perception, mais elle ne définit pas l'essence.

2. Le langage corporel : ce que le corps révèle malgré nous

Au-delà des vêtements, le corps exprime en permanence des informations subtiles. La posture, le ton de la voix, les gestes et les expressions faciales constituent un langage non verbal riche. Une personne qui parle avec assurance et regarde son interlocuteur dans les yeux est souvent perçue comme confiante. À l'inverse, la timidité peut être interprétée comme un manque de compétence, même lorsqu'elle n'a aucun lien avec les capacités réelles.

Ce langage corporel crée une zone ambiguë entre le volontaire et l'involontaire. Nous pouvons apprendre à contrôler certains aspects de notre comportement, mais des micro-expressions ou des tensions physiques trahissent parfois nos émotions profondes. Le corps devient ainsi un espace où l'intérieur affleure à la surface.

Cependant, interpréter ces signaux reste délicat. Le stress, la fatigue ou le contexte culturel modifient considérablement la manière dont une personne se comporte. Réduire quelqu'un à son langage corporel revient à ignorer la complexité de son expérience intérieure. L'extérieur suggère ; il n'explique jamais entièrement.

3. Les possessions matérielles : signes et illusions

Dans les sociétés contemporaines, les objets jouent également un rôle important dans la construction de l'image sociale. Voitures, téléphones, vêtements de marque ou espaces de vie deviennent des symboles visibles de statut. Ils participent à une économie de la reconnaissance où la valeur semble parfois se mesurer à ce qui se possède.

Bourdieu souligne que ces signes matériels fonctionnent comme des marqueurs de distinction sociale (Bourdieu, 1979). Ils orientent les jugements et influencent les relations. Pourtant, ils sont souvent trompeurs. Derrière une apparence de réussite matérielle peuvent se cacher des fragilités économiques ou émotionnelles. À l'inverse, la sobriété extérieure peut dissimuler une richesse intérieure considérable.

La société de consommation tend à confondre l'avoir et l'être. Cette confusion renforce la tentation de juger par la surface. Jean Baudrillard décrit un monde où les signes prennent parfois le pas sur la réalité elle-même, créant des simulacres qui remplacent l'expérience authentique (Baudrillard, 1981). Dans ce contexte, l'apparence devient non seulement un reflet, mais une construction autonome.

4. Les dangers du jugement superficiel

Se fier exclusivement à l'extérieur comporte des risques importants. Les stéréotypes et les préjugés naissent précisément de cette tendance à simplifier autrui. L'âge, l'apparence physique, le style vestimentaire ou l'origine sociale peuvent devenir des critères de jugement injustes.

Ces mécanismes ne sont pas seulement individuels ; ils sont aussi collectifs. La société produit des normes qui orientent inconsciemment nos perceptions. Kahneman montre que ces jugements rapides relèvent d'un système cognitif automatique, efficace mais biaisé (Kahneman, 2011). Sans réflexion critique, nous risquons de confondre familiarité et vérité.

Les réseaux sociaux amplifient ce phénomène. Ils encouragent la mise en scène de versions idéalisées de soi, où la réussite et le bonheur sont soigneusement sélectionnés et exposés. Cette esthétique de la perfection crée des comparaisons constantes et nourrit des illusions. L'extérieur devient un spectacle permanent qui éloigne parfois de l'expérience vécue.

5. L'extérieur comme nécessité sociale

Malgré ses limites, l'extérieur ne doit pas être rejeté. Il constitue une dimension essentielle de la vie sociale. Les codes vestimentaires, les gestes de politesse et les conventions facilitent la communication et rendent les interactions possibles. Sans eux, la société sombrerait dans l'incompréhension.

Le défi n'est donc pas de nier l'importance de l'apparence, mais de reconnaître sa nature partielle. L'extérieur est une porte d'entrée vers autrui, non un verdict définitif. Il invite à la curiosité plutôt qu'au jugement.

Comprendre une personne exige du temps, de l'écoute et de la nuance. Cela suppose d'accepter que la vérité humaine dépasse toujours ce qui est immédiatement visible. L'apparence peut ouvrir la conversation, mais seule la rencontre véritable permet d'approcher la profondeur.

6. Regarder au-delà de la surface

Apprendre à voir au-delà des apparences est une forme de maturité humaine. Cela implique de suspendre les jugements rapides, d'accueillir la complexité et de reconnaître que chaque individu porte une histoire invisible

Cette attitude ne consiste pas à nier l'existence des signes extérieurs, mais à les replacer dans une perspective plus large. L'extérieur devient alors un point de départ pour l'exploration, non une conclusion.

Dans un monde saturé d'images et de représentations, cultiver cette capacité critique est essentiel. Elle protège contre la superficialité et ouvre la voie à des relations plus authentiques. Elle rappelle que la richesse de l'être humain réside moins dans ce qu'il montre que dans ce qu'il vit intérieurement.

CHAPITRE II.
LES PROFONDEURS DE L'ÂME QUE L'ON OUBLIE D'ÉCOUTER

Il existe en chaque être humain un espace intérieur silencieux que la vie moderne tend à recouvrir de bruit. Entre les exigences professionnelles, les attentes sociales et le flux incessant d'informations, nous avançons souvent sans nous arrêter pour écouter ce qui se passe en nous. Pourtant, c'est dans ces profondeurs invisibles que se joue une grande partie de notre existence. Nos émotions, nos désirs, nos peurs et nos intuitions forment un paysage intérieur riche, complexe, parfois contradictoire. Ignorer cet espace revient à vivre en surface, coupé d'une part essentielle de soi.

Écouter son âme n'est pas un luxe réservé à la contemplation ou à la spiritualité. C'est une nécessité existentielle. Sans cette écoute, l'individu risque de s'éloigner progressivement de ce qu'il est vraiment, de confondre les attentes extérieures avec ses propres aspirations, et de construire une vie qui lui semble étrangère.

1. La nature de l'âme : une réalité intérieure complexe

Depuis l'Antiquité, la notion d'âme occupe une place centrale dans la réflexion philosophique. Pour Platon, l'âme constitue la dimension la plus authentique de l'être humain, capable d'accéder à la vérité et au bien. Elle n'est pas simplement un principe vital, mais le siège de la pensée et de la connaissance. Aristote, quant à lui, la conçoit comme le principe d'animation qui unit le corps et l'esprit, donnant forme à la vie.

La psychologie moderne reformule ces intuitions en termes scientifiques. Sigmund Freud met en évidence l'existence de l'inconscient, cet espace psychique où s'accumulent désirs refoulés, souvenirs et conflits intérieurs (Freud, 1923). Une grande partie de notre vie mentale échappe ainsi à la conscience immédiate. Carl Jung approfondit cette perspective en introduisant la notion d'inconscient collectif, peuplé d'archétypes universels qui façonnent notre imaginaire et nos comportements (Jung, 1964).

L'âme peut être comprise comme une synthèse de ces dimensions : émotions, mémoire, imagination, intuition et désir. Elle n'est pas un objet fixe, mais un mouvement vivant. Nos émotions en sont les messagers les plus directs. La joie signale un accord avec nous-mêmes ; la tristesse révèle une perte ou un manque ; la colère indique une limite franchie ; la peur met en lumière une menace réelle ou symbolique. Chaque émotion contient une information précieuse sur notre état intérieur.

2. Pourquoi oublions-nous d'écouter notre monde intérieur ?

Malgré son importance, l'écoute de l'âme est souvent négligée. La société contemporaine valorise la performance, la productivité et la visibilité. Elle récompense l'action rapide plutôt que la réflexion lente. Dans ce contexte, l'introspection peut apparaître comme une perte de temps, voire comme une faiblesse.

Les technologies numériques accentuent cette tendance. Les écrans captent notre attention en permanence, réduisant les moments de silence où la pensée pourrait se déployer. Le philosophe contemporain Byung-Chul Han décrit une société de la fatigue, où la surstimulation permanente épuise la capacité de réflexion profonde. L'individu devient absorbé par l'extérieur au point d'oublier son propre intérieur.

À ces pressions extérieures s'ajoutent des résistances intérieures. L'introspection peut être inconfortable. Se confronter à ses peurs, à ses contradictions ou à ses désirs inavoués exige du courage. L'ego préfère souvent maintenir une image cohérente et rassurante plutôt que d'explorer les zones d'ombre. Pourtant, éviter cette exploration ne fait que renforcer les tensions internes.

Carl Rogers souligne que le refus d'écouter ses expériences intérieures crée un décalage entre le soi réel et le soi idéal, source de malaise psychologique (Rogers, 1961). Plus cet écart grandit, plus l'individu risque de ressentir anxiété et insatisfaction.

3. Les signaux discrets de l'âme

L'âme ne se tait jamais complètement. Même lorsque nous l'ignorons, elle continue de s'exprimer à travers des signes subtils. Les rêves, par exemple, constituent une forme de langage symbolique où s'articulent désirs et préoccupations inconscientes. Jung voyait dans les rêves une voie privilégiée d'accès au monde intérieur (Jung, 1964).

Les émotions inexprimées représentent un autre signal important. Une tristesse persistante, une irritabilité diffuse ou un sentiment de vide peuvent indiquer des besoins négligés. Viktor Frankl observe que l'absence de sens dans la vie engendre un « vide existentiel », caractérisé par un sentiment de désorientation et de frustration

(Frankl, 1946). Ce vide n'est pas un défaut personnel, mais un appel à redéfinir ses priorités.

Les désirs récurrents, longtemps refoulés, sont également des messagers. Une aspiration artistique abandonnée, un projet sans cesse reporté ou une relation insatisfaisante peuvent révéler un conflit entre la vie vécue et la vie désirée.
Ignorer ces signaux revient à étouffer une partie de soi.

4. L'importance vitale de l'écoute intérieure

Écouter son âme permet d'abord une meilleure connaissance de soi. Cette connaissance ne consiste pas à atteindre une certitude définitive, mais à développer une attention continue à ses expériences intérieures. Elle favorise l'acceptation de ses forces comme de ses fragilités.

Cette écoute contribue également à l'équilibre émotionnel. Comprendre ses émotions permet de les intégrer plutôt que de les subir. Les traditions contemplatives, notamment le bouddhisme, insistent sur la pleine conscience comme moyen d'observer ses états mentaux sans jugement. Cette pratique développe une relation plus sereine avec ses pensées et ses sentiments.

Sur le plan existentiel, l'écoute de l'âme oriente les choix de vie. Frankl affirme que l'être humain se réalise en poursuivant un sens qui dépasse la simple recherche du plaisir (Frankl, 1946). Se reconnecter à ses valeurs profondes aide à prendre des décisions cohérentes et à construire une vie porteuse de signification.

5. Les chemins vers la reconnexion intérieure

Renouer avec les profondeurs de l'âme demande des pratiques concrètes. La méditation offre un espace de silence où les pensées peuvent être observées sans agitation. L'écriture intime permet de clarifier les émotions et de donner forme à l'expérience intérieure. La marche solitaire, la contemplation de la nature ou la création artistique ouvrent également des espaces de dialogue avec soi-même.

L'expression créative joue un rôle particulier. La peinture, la musique ou l'écriture ne servent pas seulement à produire des œuvres ; elles permettent de traduire en formes sensibles ce qui reste autrement indicible. Elles deviennent des passerelles entre le monde intérieur et le monde extérieur.

Le silence, enfin, est une condition essentielle. Dans un environnement saturé de bruit, choisir volontairement des moments de retrait constitue un acte presque subversif. C'est dans ces intervalles que la voix intérieure peut émerger.

6. Les obstacles persistants

Même avec une intention sincère, plusieurs obstacles entravent l'écoute de l'âme. La routine quotidienne absorbe l'attention. Les obligations familiales et professionnelles laissent peu de place à l'introspection. Les influences sociales peuvent décourager l'expression de la sensibilité intérieure, jugée parfois impratique ou excessive.

Le passé non résolu représente un obstacle plus profond. Des blessures anciennes ou des traumatismes peuvent rendre l'introspection douloureuse. Dans ces cas, l'accompagnement thérapeutique devient un soutien précieux. Explorer son monde intérieur ne signifie pas s'y enfermer, mais apprendre à le traverser avec lucidité.

7. Une invitation à la présence

Écouter les profondeurs de l'âme revient finalement à cultiver une présence attentive à soi-même. Cette présence ne s'oppose pas à l'action dans le monde ; elle en constitue le fondement. Une vie tournée uniquement vers l'extérieur risque de devenir mécanique. À l'inverse, une vie attentive à son intérieur gagne en cohérence et en intensité.

Les philosophes stoïciens rappelaient déjà que la paix intérieure dépend de la capacité à distinguer ce qui relève de nous et ce qui nous échappe. Cette sagesse ancienne rejoint les découvertes contemporaines de la psychologie : la connaissance de soi n'est pas un repli narcissique, mais une condition de liberté.

Dans le silence de l'âme se trouvent des ressources souvent insoupçonnées. Écouter ces profondeurs, c'est accepter la complexité de son être et reconnaître que la vérité humaine ne se limite jamais à ce qui est visible. C'est ouvrir un dialogue continu avec soi-même, un dialogue qui éclaire nos choix, nourrit nos relations et donne sens à notre existence.

CHAPITRE III.
LES FISSURES QUI RÉVÈLENT LA VÉRITÉ

L'être humain nourrit un désir persistant de perfection. Nous aspirons à des vies sans faille, à des parcours lisses, à des identités cohérentes et maîtrisées. La société moderne renforce cette aspiration en valorisant la réussite visible, la stabilité et le contrôle. Pourtant, la vérité la plus profonde de l'existence ne se manifeste presque jamais dans la perfection. Elle apparaît dans les fissures : ces moments de rupture, de fragilité et d'incertitude où les illusions se brisent et où l'être se révèle.

Les fissures ne sont pas des accidents marginaux de la vie humaine ; elles en constituent la texture même. Elles surgissent sous forme d'échecs, de pertes, de doutes ou de blessures émotionnelles. Elles interrompent le récit que nous construisons sur nous-mêmes et nous obligent à regarder ce que nous préférerions ignorer. Dans ces brèches, quelque chose de plus authentique devient visible.

1. Fragilité et authenticité

Le mot « fissure » évoque une rupture dans une surface apparemment solide. Sur le plan intérieur, il désigne ces moments où notre sentiment de cohérence se fragilise. Une relation qui se termine, un projet qui échoue ou une certitude qui vacille peuvent créer de telles fissures. Ces expériences révèlent notre vulnérabilité fondamentale.

Carl Jung a montré que la personnalité humaine comporte une part d'ombre : un ensemble d'aspects refoulés ou méconnus de nous-mêmes (Jung, 1951). Les fissures ouvrent un accès privilégié à cette ombre. Lorsque nos mécanismes de défense se fissurent, nous rencontrons des émotions et des vérités longtemps dissimulées. Ce face-à-face peut être douloureux, mais il constitue une étape essentielle vers l'authenticité.

Reconnaître sa fragilité ne signifie pas renoncer à la force. Au contraire, c'est dans l'acceptation de nos limites que naît une forme de solidité plus profonde. La psychologue Brené Brown souligne que la vulnérabilité n'est pas une faiblesse, mais la condition du courage et de la créativité (Brown, 2012). Elle ouvre un espace où l'individu cesse de jouer un rôle pour entrer en relation véritable avec lui-même et avec les autres.

2. Les fissures visibles et invisibles

Certaines fissures sont publiques. Un échec professionnel, une séparation ou une crise personnelle exposent nos failles aux yeux du monde. Ces événements peuvent provoquer honte et peur, car ils brisent l'image de maîtrise que nous cherchons à maintenir. Pourtant, ils ont aussi le pouvoir de transformer la perception que nous avons de nous-mêmes.

D'autres fissures restent invisibles. Elles se manifestent sous forme de solitude intérieure, d'angoisse diffuse ou de questionnement existentiel. Ces fractures silencieuses sont souvent plus profondes que les événements extérieurs. Elles signalent un désaccord entre la vie que nous menons et celle que nous désirons.

Dans les deux cas, les fissures fonctionnent comme des messages. Elles indiquent qu'un équilibre a été rompu et qu'une transformation est nécessaire. Ignorer ces signaux revient à prolonger un malaise qui finira par s'imposer avec plus de force.

3. La vérité émotionnelle révélée par la rupture

Chaque fissure émotionnelle contient une leçon sur notre manière d'aimer, de désirer et de craindre. Une rupture affective peut révéler nos attentes inconscientes ou nos difficultés à communiquer. Un échec professionnel peut mettre en lumière des limites, mais aussi des ressources insoupçonnées.

Ces moments de crise ont une valeur initiatique. Ils interrompent les automatismes et créent un espace de réflexion. Le philosophe Søren Kierkegaard voyait dans l'angoisse une porte vers la connaissance de soi : elle confronte l'individu à sa liberté et à sa responsabilité. La douleur devient alors un révélateur plutôt qu'un simple obstacle. Il est tentant de fuir ces expériences ou de les anesthésier par la distraction. Pourtant, c'est en les traversant consciemment que nous découvrons leur potentiel transformateur. La résilience ne consiste pas à éviter la fracture, mais à en extraire un sens.

4. Les fissures comme révélateurs sociaux

Les fissures ne concernent pas seulement l'individu ; elles traversent également les sociétés. Les crises économiques, politiques ou culturelles exposent les fragilités des systèmes collectifs. Elles révèlent des inégalités, des tensions et des contradictions longtemps dissimulées.

Les mouvements sociaux naissent souvent de telles fractures. Ils expriment des vérités ignorées et exigent une réévaluation des normes établies. À l'échelle collective comme à l'échelle individuelle, la fissure agit comme un appel à la transformation.

Jean-Paul Sartre soulignait que la conscience humaine se forme dans la confrontation avec des situations limites. Ces situations révèlent non seulement ce que nous sommes, mais aussi ce que nous pouvons devenir. Les fissures sociales ouvrent ainsi des possibilités de réinvention.

5. Les fissures comme moteurs de croissance

Si la douleur accompagne les fissures, elle n'en constitue pas l'unique dimension. Chaque rupture porte en elle une potentialité de croissance. Elle oblige à reconsidérer des certitudes, à développer de nouvelles compétences et à redéfinir ses priorités.
Ce processus peut être décrit en trois mouvements. D'abord, la prise de conscience : reconnaître que quelque chose a cédé. Ensuite, l'apprentissage : comprendre ce que la fissure révèle sur nos

comportements et nos choix. Enfin, la transformation : intégrer cette compréhension dans une nouvelle manière de vivre.

Le poète Leonard Cohen exprimait cette idée dans une formule devenue célèbre : « Il y a une fissure en toute chose ; c'est ainsi que la lumière entre. » Cette métaphore suggère que la brisure n'est pas seulement une perte, mais une ouverture. Elle permet à une clarté nouvelle de pénétrer l'expérience.

6. La beauté des fissures

L'art japonais du kintsugi incarne une esthétique de l'imperfection. Lorsqu'un objet en céramique se brise, il est réparé avec une laque mêlée d'or, soulignant les fissures au lieu de les dissimuler. L'objet restauré devient plus précieux que l'original, car il porte la trace visible de son histoire.

Cette philosophie peut être transposée à la vie humaine. Nos cicatrices ne sont pas des défauts à cacher, mais des témoignages de transformation. Elles racontent les épreuves traversées et les forces développées. Accepter la beauté des fissures revient à reconnaître que l'identité se construit à travers le temps et l'expérience.

Les personnes qui ont affronté des difficultés majeures développent souvent une profondeur et une compassion particulières. Leur fragilité assumée devient une source de lien avec autrui.

7. Accueillir ses fissures

Pour que les fissures révèlent leur vérité, il faut apprendre à les accueillir. Ce processus commence par la reconnaissance : admettre l'existence de la blessure sans la minimiser ni l'exagérer. Vient ensuite l'acceptation : comprendre que la fragilité fait partie intégrante de la condition humaine.

L'introspection permet d'explorer ce que chaque fissure enseigne. Le partage, enfin, transforme l'expérience individuelle en ressource collective. Parler de ses épreuves peut inspirer et soutenir les autres, créant une communauté fondée sur l'authenticité plutôt que sur la perfection.

8. Une sagesse née de la fracture

Les traditions spirituelles accordent une place centrale à l'expérience de la rupture. Dans le bouddhisme, la reconnaissance de la souffrance constitue le point de départ du chemin vers l'éveil.

Dans le christianisme, l'épreuve est souvent interprétée comme une occasion de purification et de rapprochement avec le sens ultime. Ces perspectives convergent vers une même intuition : la fracture n'est pas une fin, mais un passage. Elle ouvre un espace où la vérité peut émerger avec plus de netteté.

Les fissures ne sont pas des anomalies à éliminer, mais des dimensions essentielles de l'expérience humaine. Elles révèlent nos limites, mais aussi notre capacité de transformation. En les acceptant, nous cessons de poursuivre une perfection illusoire pour entrer dans une relation plus honnête avec nous-mêmes.

La vérité humaine se manifeste rarement dans la surface intacte des apparences. Elle se dévoile dans les brèches, les hésitations et les cicatrices. Apprendre à voir la lumière dans ces fissures, c'est reconnaître que l'imperfection n'est pas un défaut à corriger, mais une voie vers l'authenticité.

CHAPITRE IV.
VERS LA RÉCONCILIATION DU DEDANS ET DU DEHORS

Dans nos vies modernes, l'existence humaine se déploie souvent en deux dimensions distinctes : un monde intérieur, riche et complexe, et un monde extérieur, soumis aux normes sociales, aux obligations et aux regards d'autrui. Nous portons en nous un univers intime fait de pensées, d'émotions, de désirs et de contradictions. À l'extérieur, nous devons composer avec des codes, des attentes et des représentations sociales. Trop souvent, ces deux mondes semblent irréconciliables : nous présentons au monde un visage façonné par les conventions et les apparences, tandis que notre vérité intérieure demeure ignorée ou refoulée.

Cette division engendre malaise, frustration et stress. Elle crée un décalage entre ce que nous sommes réellement et ce que nous laissons percevoir, une fracture qui peut se manifester par des tensions psychologiques, des relations superficielles ou un sentiment d'aliénation. La réconciliation entre le dedans et le dehors n'est pas seulement une aspiration philosophique ou spirituelle : elle constitue un impératif pour vivre en harmonie avec soi-même et avec le monde.

I. Comprendre le dedans et le dehors

Pour avancer vers cette réconciliation, il est essentiel de définir ces deux dimensions.

1. Le dedans

Le dedans correspond à notre monde intérieur, celui qui abrite nos pensées, émotions, rêves, aspirations et valeurs profondes. C'est là que réside notre authenticité, notre vérité personnelle, souvent cachée derrière les masques sociaux. Comme l'écrit Carl Jung, « Connais tout d'abord ton ombre si tu veux connaître la lumière » (Jung, 1951) : comprendre son intérieur permet de se rapprocher de soi-même.

2. Le dehors

Le dehors est le monde visible, social et matériel. Il inclut nos relations avec la famille, les amis et les collègues, ainsi que nos interactions avec la société. Il est façonné par les normes culturelles, les attentes professionnelles et les conventions sociales. C'est ce que les autres voient, notre « visage public », parfois éloigné de notre réalité intérieure.

3. La tension entre les deux

Lorsque le dedans et le dehors sont déconnectés, une tension naît. Cette dissonance provoque malaise, anxiété et insatisfaction. Socrate et les stoïciens enseignaient que la connaissance de soi est la clé de l'harmonie intérieure : sans introspection, il est impossible d'aligner ses actions extérieures avec sa vérité intérieure (Marc-Aurèle, *Pensées pour moi-même*, IIe siècle).

II. Les causes de la désunion

Plusieurs facteurs contribuent à ce décalage :

1. Pression sociale et attentes extérieures

La société impose souvent des normes implicites et explicites : réussite professionnelle, image corporelle, comportement conforme. Le désir de plaire ou de ne pas décevoir entraîne un ajustement constant du dehors, parfois au détriment du dedans.

2. Peur du jugement et du rejet

La crainte de ne pas être accepté pousse à masquer nos émotions et opinions. Bourdieu (1979) note que les individus construisent des « habitus » pour correspondre à leur environnement social, souvent en reniant certains aspects de leur identité intérieure.

3. Complexité des émotions et des expériences

Nos sentiments peuvent être contradictoires. La difficulté à accepter cette complexité favorise le refoulement, créant un écart entre ce que nous ressentons et ce que nous montrons.

4. Manque d'introspection

Sans moments de pause et de réflexion, nous restons déconnectés de nos besoins et aspirations profondes. L'âme, négligée, se rétracte derrière la façade.

III. Les conséquences de la division

La fracture intérieur/extérieur a des répercussions multiples :

1. Sur le plan psychologique

Stress, anxiété, insatisfaction et confusion intérieure se manifestent. L'individu peut se sentir « éclaté », incapable de prendre des décisions cohérentes ou d'agir avec clarté.

2. Sur le plan relationnel

Les relations deviennent superficielles. Les autres interagissent avec notre image extérieure plutôt qu'avec notre authenticité, entraînant incompréhension et solitude.

3. Sur le plan existentiel

Vivre en décalage avec soi-même engendre un sentiment de vide et de déconnexion. L'individu peut ressentir qu'il trahit sa propre essence et que sa vie échappe à sa maîtrise.

IV. La nécessité de la réconciliation

Aligner l'intérieur et l'extérieur est crucial pour trois raisons principales :

1. Authenticité

Vivre en accord avec soi-même génère un sentiment de complétude et de paix intérieure. L'authenticité, selon Carl Rogers, est une condition essentielle de l'épanouissement personnel (*On Becoming a Person*, 1961).

2. Harmonie relationnelle

Lorsque nous sommes honnêtes avec nous-mêmes, nos relations deviennent plus profondes. La sincérité attire des interactions fondées sur la compréhension mutuelle plutôt que sur l'illusion.

3. Épanouissement personnel

L'alignement intérieur favorise la créativité, la prise de décisions éclairées et l'accomplissement de ses aspirations profondes. La réconciliation est un catalyseur de transformation et de réalisation de soi.

V. Les chemins de la réconciliation intérieure

La réconciliation ne se produit pas par hasard ; elle nécessite intention et pratiques concrètes :

1. Introspection et conscience de soi

Observer ses pensées, émotions et réactions à travers la méditation, l'écriture ou le dialogue intérieur permet de prendre contact avec son monde intérieur.

2. Acceptation de soi

Reconnaître ses faiblesses, contradictions et erreurs ouvre la voie à la guérison et à la transformation. Comme le souligne Brené Brown, accepter sa vulnérabilité est la condition du courage et de la résilience (Brown, 2012).

3. Expression créative et authentique

La musique, l'écriture, la peinture ou la danse permettent de traduire le monde intérieur dans le monde visible, réduisant l'écart entre dedans et dehors.

4. Communication et vérité partagée

Exprimer ses sentiments et besoins avec respect favorise des relations plus sincères et un alignement durable.

VI. Les obstacles à la réconciliation

Plusieurs barrières peuvent entraver ce processus :

1. La peur et le jugement : refuser de montrer ses vulnérabilités.
2. Le conformisme : se plier aux attentes sociales au détriment de sa vérité intérieure.
3. Le passé non résolu : blessures ou traumatismes non traités.
4. L'agitation et le manque de temps : rythme de vie rapide qui empêche l'introspection.

VII. Le rôle des fissures et des blessures

Les fissures intérieures ne sont pas des faiblesses : elles sont des révélateurs de vérité. Les conflits, échecs et douleurs constituent des signaux invitant à l'alignement. Comme dans le kintsugi japonais, réparer ses blessures avec conscience et amour transforme cicatrices et fractures en lumière et sagesse.

VIII. Philosophie et spiritualité de la réconciliation

Les traditions spirituelles et philosophiques offrent des voies d'harmonisation entre intérieur et extérieur :

- **Bouddhisme** : la pleine conscience et l'acceptation de la réalité favorisent l'unité intérieure.
- **Christianisme** : l'harmonisation du cœur, de l'esprit et des actions conduit à la cohérence entre valeurs et comportements.
- **Philosophie occidentale** : Socrate et les stoïciens enseignent que la connaissance de soi est la base de la paix intérieure et de l'harmonie avec le monde.

IX. Exemples et témoignages

- Une personne change de carrière pour suivre sa passion, alignant son monde intérieur avec ses actions extérieures.
- Une relation devient authentique après que chacun ait exprimé ses émotions profondes.

- Des mouvements sociaux naissent d'un malaise intérieur collectif, conduisant à des transformations majeures.

Ces expériences montrent que l'alignement intérieur et extérieur profite non seulement à l'individu, mais également à la société.

La réconciliation du dedans et du dehors est un chemin de courage et d'authenticité. Elle exige introspection, acceptation et expression consciente. Lorsque l'intérieur et l'extérieur s'harmonisent, l'individu retrouve la paix, la cohérence et le sens de sa vie.

Vivre réconcilié, c'est permettre à sa vérité intérieure de se manifester dans le monde, avec confiance et sincérité. La réconciliation n'est pas un état ponctuel : c'est un processus continu, un voyage vers l'intégrité, la lumière et l'humanité.

CHAPITRE V.
VIVRE DEPUIS LE FOND, ET NON DEPUIS LA FAÇADE

Dans la société contemporaine, nombreux sont ceux qui vivent à travers une façade : un masque soigneusement façonné pour plaire, impressionner ou se conformer aux attentes d'autrui. Les réseaux sociaux, la pression sociale et la compétition quotidienne nous incitent à projeter une image de réussite, de bonheur et de perfection. Cependant, derrière cette façade, notre monde intérieur nos émotions, nos valeurs, nos rêves et nos vulnérabilités reste souvent ignoré ou étouffé.

Vivre depuis le fond, c'est faire le choix d'aligner ses actions et sa vie sur ce qui est profondément vrai en soi, plutôt que de se limiter à ce que l'on montre aux autres. C'est incarner l'authenticité, écouter sa voix intérieure et laisser le monde extérieur refléter notre vérité. Ce chapitre explore les conséquences de vivre derrière une façade, les bénéfices de vivre depuis le fond, ainsi que les chemins concrets pour parvenir à cette authenticité profonde.

I. Comprendre la façade et le fond

1. La façade

La façade est l'image que nous projetons à l'extérieur : succès apparent, contrôle, popularité ou bonheur simulé. Elle est souvent motivée par le désir d'être accepté, admiré ou reconnu. Mais cette image ne reflète pas nécessairement la richesse et la vérité de notre monde intérieur. Comme le rappelle Erving Goffman dans *La mise en scène de la vie quotidienne* (1959), nous jouons constamment des rôles pour influencer la perception d'autrui, souvent au détriment de notre authenticité.

2. Le fond

Le fond représente notre univers intérieur : émotions, aspirations, peurs, contradictions et vérité profonde. Vivre depuis le fond signifie écouter cette voix intérieure, comprendre ses désirs et orienter ses actions en conséquence.

3. La tension entre façade et fond

La façade peut sembler protectrice, mais elle crée souvent un écart entre ce que nous sommes et ce que nous montrons. Ce décalage engendre frustration, stress et sentiment de vide. Comme l'affirme

Carl Jung, « Tout ce que nous refoulons nous poursuit » (Jung, 1951) : ignorer le fond mène à une dissociation intérieure.

II. Les causes de la vie depuis la façade

Plusieurs facteurs expliquent pourquoi tant de personnes se réfugient derrière une façade :

1. **Pression sociale** : normes de réussite, beauté ou comportement, imposées par la société et amplifiées par les réseaux sociaux.
2. **Peur du jugement** : crainte du rejet ou de la critique qui empêche d'exprimer ses véritables émotions.
3. **Désir de contrôle** : la façade procure une illusion de maîtrise sur sa vie et son image.
4. **Habitude et éducation** : depuis l'enfance, beaucoup apprennent à se conformer et à cacher leurs sentiments pour éviter conflits ou sanctions.

III. Les conséquences de vivre depuis la façade

Vivre derrière une façade entraîne plusieurs impacts négatifs :

1. Malaise intérieur

L'écart entre façade et fond provoque frustration, anxiété et stress. L'individu ressent un vide intérieur car sa vie n'est pas alignée avec sa vérité.

2. Relations superficielles

Les interactions deviennent limitées à l'image projetée, et non à la personne réelle, engendrant solitude et incompréhension.

3. Blocages dans le développement personnel Ignorer le monde intérieur empêche de reconnaître ses besoins, de développer ses talents et de poursuivre ses véritables aspirations.

4. Perte d'authenticité

Au fil du temps, la personne peut se perdre dans ses masques, ignorant qui elle est réellement et ce qu'elle désire profondément.

IV. Les bénéfices de vivre depuis le fond

Choisir le fond transforme la vie et lui donne une profondeur et un sens véritables :

1. **Authenticité et liberté** : être vrai avec soi-même procure paix intérieure et libération.

2. **Relations sincères** : les interactions deviennent profondes et honnêtes.
3. **Épanouissement personnel** : suivre sa vérité intérieure favorise créativité, confiance et réalisation de soi.
4. **Résilience et courage** : vivre selon ses convictions, même face aux difficultés, renforce force intérieure et courage.

V. Les obstacles à la vie depuis le fond

Même avec la volonté de s'aligner sur soi-même, plusieurs obstacles persistent :

1. **Peur du rejet et de la critique** : exposer sa vérité peut sembler risqué, surtout dans des environnements compétitifs ou normatifs.
2. **Habitudes anciennes** : les schémas appris depuis l'enfance sont difficiles à modifier.
3. **Pressions extérieures** : famille, société, médias et collègues maintiennent la façade.
4. **Doutes intérieurs** : manque de confiance en soi ou peur de l'échec freinent l'alignement avec le monde intérieur.

VI. Les chemins vers le fond

Pour vivre depuis le fond, plusieurs pratiques sont essentielles :

1. Introspection et conscience de soi

La méditation, le journal intime et la réflexion personnelle permettent de comprendre ses émotions, valeurs et désirs profonds.

2. Acceptation de ses vulnérabilités

Reconnaître ses limites et contradictions ouvre la voie à l'authenticité et à la transformation intérieure. Brené Brown souligne que « la vulnérabilité est le berceau de l'innovation, de la créativité et du changement » (Brown, 2012).

3. Expression créative

Musique, peinture, écriture ou danse permettent de traduire le monde intérieur dans le monde extérieur, réduisant l'écart entre dedans et dehors.

4. Communication sincère

Partager ses émotions et besoins avec honnêteté favorise des relations profondes et durables.

5. Déconnexion et silence

Se détacher des distractions et prendre du temps pour la solitude permet d'écouter sa voix intérieure et de cultiver le contact avec soi-même.

VII. La sagesse des fissures et des blessures

Vivre depuis le fond implique d'accepter ses fissures et ses blessures. Ces imperfections ne sont pas des défauts, mais des révélateurs de la vérité intérieure. Comme dans l'art du kintsugi japonais, réparer et mettre en valeur les fissures transforme les cicatrices en beauté et sagesse. Chaque expérience douloureuse devient un guide vers l'authenticité et la profondeur.

VIII. Philosophie et spiritualité de la vie authentique

Les traditions spirituelles et philosophiques soulignent l'importance de l'alignement intérieur :

- **Bouddhisme** : la pleine conscience et l'acceptation de soi permettent de vivre selon sa vérité.
- **Stoïcisme** : Socrate et Marc-Aurèle enseignent que la connaissance de soi et l'alignement avec la vertu surpassent les apparences.

- **Christianisme** : vivre selon sa vérité intérieure mène à la paix de l'âme et à des actions justes dans le monde.

Ces approches convergent : la vie depuis le fond apporte liberté, cohérence et épanouissement.

IX. Exemples concrets et témoignages

- Un artiste abandonne un emploi stable pour suivre sa passion, trouvant satisfaction et sens.
- Une personne partage ses émotions avec sincérité, renforçant ses relations et créant des liens profonds.
- Des leaders ou figures publiques admettent leurs vulnérabilités, inspirant confiance et humanité.

Ces exemples montrent que l'authenticité intérieure, lorsqu'elle s'exprime dans le monde, est source de force et de cohérence.

Vivre depuis le fond, et non depuis la façade, est un chemin de courage, de liberté et d'authenticité. Il exige introspection, acceptation, expression et communication sincère. Chaque pas vers cette authenticité rapproche l'individu de lui-même et des autres, transformant la vie en un espace de vérité, de cohérence et de profondeur.

La façade peut sembler confortable, mais elle enferme dans l'illusion et l'aliénation. Le fond, lui, ouvre sur la lumière de la vérité et la richesse de l'existence humaine. Vivre depuis le fond, c'est oser être pleinement soi-même et offrir au monde la beauté de son authenticité.

CONCLUSION

À travers ce voyage dans *Le fond de l'extérieur*, nous avons exploré la tension permanente entre ce qui se montre et ce qui demeure caché, entre l'image que l'on projette et la vérité intérieure qui nous habite. Chaque chapitre a révélé une facette de cette quête essentielle : comprendre les apparences, écouter notre âme, accueillir nos fissures, réconcilier le dedans et le dehors, et enfin, vivre depuis le fond, loin des masques et des façades.

Le chapitre initial nous a montré combien l'apparence influence nos jugements et nos relations. Les vêtements, le langage corporel et les possessions sont des signaux puissants qui façonnent la perception d'autrui, mais ils ne révèlent qu'une part partielle de la réalité. Comme l'affirme Erving Goffman (*La mise en scène de la vie quotidienne*, 1959), nous jouons des rôles sociaux pour gérer l'image que l'on donne, souvent au détriment de l'authenticité.

Cette exploration nous rappelle que se fier uniquement à l'extérieur est source d'erreurs et de jugements superficiels.
Les apparences peuvent séduire ou tromper, mais elles ne permettent jamais de connaître véritablement une personne. Les

préjugés, stéréotypes et jugements rapides sont des pièges qui nous éloignent de la vérité.
Le deuxième chapitre nous a invités à tourner le regard vers l'intérieur. L'âme, avec ses émotions, ses désirs et ses intuitions, constitue la véritable boussole de notre existence. Négliger cette dimension conduit à l'aliénation, au stress et à un sentiment de vide. Jung, Freud et Platon nous rappellent que la richesse de notre monde intérieur dépasse de loin ce que l'on montre à l'extérieur.

Apprendre à écouter son âme, à décoder ses signaux et à répondre à ses aspirations profondes, permet de développer l'équilibre émotionnel, la lucidité dans les choix et l'harmonie avec soi-même. Les pratiques de méditation, d'introspection, d'expression créative et de silence sont autant de moyens concrets pour renouer avec cette dimension essentielle.

Le troisième chapitre a mis en lumière la beauté et la fonction des fissures. Nos échecs, nos blessures et nos moments de fragilité ne sont pas des défauts à dissimuler, mais des révélateurs de notre humanité. Comme le montre l'art du *kintsugi* japonais, ce qui est brisé peut être réparé et magnifié, transformant nos cicatrices en lumière et en sagesse.

Psychologiquement et spirituellement, accueillir ces fissures nous permet de mieux comprendre nos limites, de développer la résilience et d'atteindre une authenticité durable. Chaque épreuve devient une opportunité de croissance et de transformation, nous rapprochant de notre vérité intérieure.

Dans le quatrième chapitre, nous avons examiné le fossé qui sépare souvent notre monde intérieur de notre image extérieure. Cette division engendre stress, mal-être et relations superficielles. La réconciliation du dedans et du dehors, à travers introspection, acceptation de soi et expression authentique, permet de réduire ce décalage et d'aligner nos actions sur nos valeurs profondes.

Les traditions philosophiques et spirituelles — du stoïcisme à Bouddhisme en passant par le christianisme — insistent sur l'importance de cette unité intérieure. Socrate proclamait que « Connais-toi toi-même » est la clé de la paix et de la sagesse. Cette réconciliation ne se fait pas du jour au lendemain : elle exige courage, persévérance et conscience de soi.

Le cinquième chapitre synthétise l'ensemble de ce parcours : vivre depuis le fond, c'est oser abandonner les masques et les façades pour embrasser sa vérité intérieure. La vie derrière une façade génère malaise, relations superficielles et perte d'authenticité. À l'inverse, s'aligner sur le fond ouvre sur l'authenticité, la liberté, la créativité et l'épanouissement personnel.

Cette démarche implique d'accepter ses vulnérabilités, d'exprimer ses émotions, de développer la conscience de soi et de se connecter avec ses passions et aspirations profondes. Chaque pas vers le fond est un pas vers la cohérence intérieure et la paix.

En fin de compte, *Le fond de l'extérieur* est un guide pour aller au-delà des illusions, des masques et des jugements superficiels. Il nous invite à :

- **Regarder au-delà des apparences** pour percevoir la vérité chez autrui et chez soi.
- **Écouter l'âme** et ses messages subtils, souvent étouffés par le bruit du monde.
- **Accueillir les fissures** comme révélateurs de notre humanité et sources de sagesse.
- **Réconcilier le dedans et le dehors**, afin de vivre avec intégrité et authenticité.
- **Vivre depuis le fond**, en alignant ses actions et ses relations sur sa vérité intérieure.

Comme le rappelle Leonard Cohen, « Il faut être brisé pour laisser passer la lumière » : c'est dans la reconnaissance de nos fragilités, l'écoute de notre âme et l'abandon des façades que nous découvrons la profondeur de la vie et la richesse de notre humanité.

Ainsi, ce livre se veut une invitation permanente : à ralentir, à observer, à ressentir, à écouter et à agir en accord avec soi-même. Il s'adresse à tous ceux qui cherchent à vivre avec sens, à transformer leurs blessures en forces et à créer un pont entre le monde extérieur et la vérité intérieure. Car au-delà des apparences, au-delà des masques et des illusions, c'est dans le fond que se trouve la lumière et la liberté véritable.

BIBLIOGRAPHIE ET RÉFÉRENCES

1. Bourdieu, P. (1979). *La Distinction*. Paris : Les Éditions de Minuit.
2. Brown, B. (2012). *Daring Greatly*. New York : Gotham Books.
3. Cohen, L. (1984). *Book of Mercy*.
4. Freud, S. (1915). *Introduction à la psychanalyse*.
5. Goffman, E. (1959). *La mise en scène de la vie quotidienne*. Paris : Les Éditions de Minuit.
6. Jung, C. G. (1951). *Aion: Études sur le symbolisme du Soi*. Zurich : Rascher Verlag.
7. Kahneman, D. (2011). *Thinking, Fast and Slow*. New York : Farrar, Straus and Giroux.
8. Marc-Aurèle. *Pensées pour moi-même*. Traduction classique.
9. Platon. *Phédon* et *Apologie de Socrate*.
10. Bouddha. *Dhammapada*.

AU SUJET DE L'AUTEUR

Jacques Nzuzi Mekango, connu sous les surnoms **Mek** ou **Meknzuzi**, est un Congolais de la République démocratique du Congo, **natifs des années 80**, ayant grandi au cœur du Zaïre, sous le régime du maréchal **Mobutu Sese Seko**.

Après son premier ouvrage « **Entre mes Pensées** », il revient avec « **Le Fond de l'Extérieur** », un voyage introspectif et profond au cœur de l'âme humaine.

Il convient de préciser que Jacques Nzuzi Mekango ne se considère pas comme un écrivain et préfère ne pas être identifié ainsi. Il se définit plutôt comme un auteur-penseur, un réfléchisseur, un observateur de la vie et un explorateur des mouvements qui façonnent notre existence et nos émotions. Chaque page est une invitation à réfléchir, à ressentir et à interroger le monde qui nous entoure.

Chrétien converti et formé, son regard sur la vie est éclairé par une foi profonde, qui insuffle à ses écrits une dimension spirituelle et universelle.

« Le Fond de l'Extérieur » n'est pas seulement un livre : c'est une expérience, une plongée dans l'intime, un miroir tendu à nos propres pensées et à nos émotions.

Kolibri 360 GmbH
Ferdinand-Jühlke-Straße 7
99095 Erfurt, Deutschland
produktsicherheit@kolibri360.de

Druck:
CPI Druckdienstleistungen GmbH
im Auftrag der
Kolibri 360 GmbH
Ferdinand-Jühlke-Str. 7
99095 Erfurt